Salzwasser

Greta Maria Pichler

Salzwasser

Rohstoff

EINS

problemkreis

wenn sich zwei schiffe im wasser, wenn sich zwei fische im wasser, wenn sich zwei begegnen, die immer schon da waren, sich nähern, stören sie den strom. zusammenhänge verändern sich, linien werden aus ihrem parallelgefüge gezogen. wasser umgibt die körper, die fische, die schiffe. im anströmen, ansturm des wassers, geschwindigkeit. störung im manövrierverhalten führt zu gegenseitigem ansaugen zweier schiffe. merke: ein loskommen ist nach einem zu dicht herankommen nicht mehr möglich.

anzeichen

vor einem umschwung ein unbehagen. wie schlimm wird es werden? nur ahnen kann dem vorgelagert stehen. ganz anders wird es kommen. bis dahin springen die fische. ist das wasser zu heiß, oder wissen sie nicht, wo sie enden? ein anfang kann es sein, vom sprung zur landung nichts mehr durchzudenken. eine hyperbel und der wind. wenn sich der wasserstand nicht ändert, der sprung weder ebbe noch flut überdauert, finden austritt und wiedereintritt auf derselben höhe statt. trotzdem braucht es vertrauen. kiemenatmung geht nur im wasser.

begegnungen

kopfsprung: ein spalt geht auf. immer wieder vorwarnen, nachhaken. voreilig, der nachtrag, das ausstellen einer dauererlaubnis, eine bescheinigung der bewilligung. weder täglich noch einmalig. darf ich hinein? von nun an immer. funktionsbeschreibung und begegnungen. es werden türen eingetreten, aufgestoßen, eingerannt. durch fenster geklettert, von bäumen auf simse, ohne wort und fragende augen.

küstenreise

dem wasser entlang abwarten, knietief, was vorbeizieht,
was treibt? zurück bleiben: reste von gesprochenem,
fetzen, irgendwas, zeug. wo aufgeschnappt? am ufer
lag ein teil der küste aufgewühlt, angespültes material,
ohne große töne angelangtes. entweder anfangen zu
sammeln oder nichts.

wüstentage

die von muscheln aufgeraute hornhaut zieht sich zurück. über zehenkuppen und sohlen zu den fersen, knien, zu hüfte, hals, haaransatz bis zu den spitzen über meinen körper. alles, was der piratenspielplatz nachts versprochen hat, wird mit zunehmender kälte abgedrängt in eine ecke, in die der blick nur fällt, wenn die temperaturen in 24 stunden nie unter 20 grad sinken. heute hat es mitten in die spätsommerlandschaft geschneit.

williamson turn

notsituation: ob schon jemand drinnen oder erst
rein-, runtergefallen ist, macht keinen unterschied.
die drehung bleibt bestehen. der williamson setzt
an, schert aus, dreht und kehrt zurück zur kurslinie.
die blütenblätter der madonnenlilie haben eine
schiffchenartige form. sie biegen sich einen halben
turn richtung boden. madonnenlilie, mann über board,
back- oder steuerbord. madonna, leicht verdreht, rettet
williamson und williamtochter.

lösungsorientiert

schmutz auf fenstern, öl oder dreck auf wasser. betrübtes schauen auf transparente flächen. schmierige stellen legen und schmiegen sich an. weder glas noch wasser reinigen sich von selbst. wir übernehmen das schmutzen, wir übernehmen das zaubern. später, später, wenn auch die details verschwimmen, die feinheiten verschwinden. jetzt mit schlammigen fingern die scheiben beschmieren. wie hieß dieser sauberspruch, der so patzig klang? ach was, wir fassen direkt in den dreck und dann überall hin.

aus algen im argen

ohne vorwarnung wird schleim mit luft zu schaum
geschlagen. jetzt frischt es auf, der husten auch.
heiser stapfen, mit tritten an, mitten rein. ein hecheln,
oder? vorne, an den zehenspitzen dieser lungen,
angetroffen, aufgestoßen. barfuß betreten, eingetreten.
aufgeschlagen, eiweiß, vor wut und rührung. nachhaltig
verquirlt, im tritt kein griff, gesundheit! gischt, dreck
und nun mehr fleddrig. übersäuert. der sturm, ein
niesen fegt, schlägt umstehendes mit. hier, der
selbsttest: alles, was kann, das wird.

leeseitig der abbau

tauche abwechselnd auf und schnell ab, ein in die schaumkronen, auf der flucht vor den föhnfischen. die nichts wissen von mineralaggregaten. wo ich bin. dazwischen. föhnwand, gebirge, föhnfische. oder: luv, gebirge, lee. oder: schwimmerin ohne schnorchel, wasser, manganknollen. oder: ich, wasser, metall-cobalt-nickel-kupfer-zink-eisen-klumpen. will 4000 bis 6000 meter tief ohne sauerstoff. bis zu den felsen der brandung der tiefseeforschung. felsen der brandung der luftströmung. felsen und wertvolle brocken bieten halt im schwammigen durcheinander. halten an, bis das bergen gelingt.

oh weh

heute zufällig dinge gekickt. die kickbaren dinge, die sich wegkickenlassenden dinge werden zwangsläufig gekickt. auf wegkickbarkeit getestete dinge werden früher oder später immer gekickt. kicken unterscheidet sich vom wehen maßgeblich. das denken an die kickbarkeit bestimmter dinge kann die vorstellung der stärke der winde erleichtern. ab einer bestimmten stärke kann davon ausgegangen werden, dass der wind die mit einem leichten fußtritt kickbaren dinge wegkickt bzw. wegweht. wehen, aber in der stärke eines kicks.

ausgleichsströmung

die begegnung ist schon eingeleitet, der volle gang
und das ende fehlen. warum ich vom schweiß weiß?
draußen war es sehr warm, wir kamen angerannt, und
auch das sehen regt den puls an. in dieser kombination.
das hier wird nichts, aber warte, langsam wird es kühler,
der seewind hilft dabei.

z wie flossenandeutungen

ans meer denke ich nur mit einem zögern. es hält seitenweise an und mich außerhalb, dem sog entgegen. saugnäpfe an allen flossen, wellen und korallen. im zögern liegt die vorbereitung. bald kommen sie, die gedanken übers meer. noch bin ich hier, am strand, am ufer, am beckenrand vom zentrum des geschehens.

chill

es hat ein ende mit dem tau. ich höre nicht und deute bilder um. irgendwann werde ich aufhören zu weinen, das steht fest. es wird kein wasser zum tropfen mehr vorhanden sein, bewegung und geräusch werden bleiben, aber keine tränen. wenn nichts nasses mehr die haut berührt, halte ich die ohren zu, auch das schluchzen bleibt dann aus. was den rest betrifft: ich ducke mich weg, und vom tasten sehe ich ab.

an land

im sandkasten überwintern, ganzkörperverbuddelung,
schlafen, bis die zeit vergeht: jahre auf links drehen,
aufwachen, abschütteln. körner und kleine steine, über
schienbeine auf klettverschluss. ich lasse sie rieseln mit
einem fuß noch im sand, den anderen auf der schwelle.
schuhe ungeschlossen, staub liegt auf den widerhaken.
es ist jetzt frühling: auf losen sohlen zieh ich aus.

umkleide

frontzip: im winter und bei sehr kaltem wasser empfehlenswert. backzip: komfortabel, aber größerer wasserfluss. zipless: der gesamte körper muss durch die öffnung, die später am hals liegt, konsequenzen folgen. einen vorhang schließen. zuerst öffnen, dann eintreten, dann zuziehen. wohin eintreten? in einen separaten raum, in einem größeren raum enthaltenen. alle kleider ablegen, andere kleider anziehen. wieder den vorhang öffnen, hindurch, vorhang schließen. verkleiden, verändern, verbergen. ich kleide mich in einem streit um, in einem auslandsaufenthalt, in einem jahr, wie oft? ich wechsle meine weste. meinen bumper. ich würde gerne sagen, die diskussion eben hat mich umgekleidet, hat mir sofort eine andere mütze aufgesetzt. du hast mir, die haben mich. morgen kleide ich mich um.

tentakel

ich aus dem bauch heraus, aus dem kopf, ins wasser. durchs wasser, aus dem wasser, am wasser entlang. durch den sand. ich getarnt als du. ich vervielfacht zu wir. du eigentlich ich. du welt. du ach. du gesellschaft, oh! du ans meer, du vom meer weg, du von mir weg. zu mir hin, du und ich, eins. wir alle, wir hier, wir zwei. die schwimmenden, die surfenden, die reisenden, wir, die ans meer fahren, wir, die einfach so ans meer, übers meer, wir, die wir grenzenlos, wir, die los, auf zur grenze! die ichs und dus von wo. die unpersönlichen, ohne personen. die regeln, die prinzipien der sicherheit, der demokratie, der korrekten anwendungen, abweisungen. zuweisungen, die listen der namen und boote, eissorten der länder. die im plural hier nicht lesen, hier nicht schreiben, die vielleichts.

Wasserspiegel 1

Ausgleichsströmung Eine durch Temperaturunterschiede hervorgerufene horizontale Strömung zum Temperatur- und Druckausgleich. Beispiele: Land- und Seewind.

Beaufortskala Eine Skala zur Beschreibung der Windstärke, sie reicht von 0 Bft bis 12 Bft und bezieht sich nicht auf exakte Messungen, sondern auf die beobachteten Auswirkungen des Windes auf dem Wasser und an Land.

Brötchentütennavigation Begriff aus der Sportschifffahrt, bezeichnet die Navigation in unbekannten Gewässern auf Booten ohne Kompass, Radar, GPS usw. Der Begriff basiert auf der Vorstellung, dass man abends bei Dunkelheit in irgendeinen kleinen Hafen einläuft und erst am nächsten Morgen beim Bäcker anhand des Aufdrucks auf der Brötchentüte erfährt, wo man sich befindet.

Föhnfische Schmale, fischförmige Wolken. Sie bilden sich bei Föhn im Lee des Gebirges.

Föhnwand Eine Wolkenformation, die überwiegend im Luv von Gebirgszügen auftritt und sich parallel zum Kamm des Gebirges erstreckt.

Luv und Lee

Wind
Luv
Lee

Monsterwellen Wellen, die den Mittelwert der höchsten Wellen in einem Seegang überschreiten. Sie haben eine hohe Geschwindigkeit, aber eine kurze Wellenlänge, ihre Vorderfront ist steil. Bisher sind drei Arten von Monsterwellen bekannt: der Kaventsmann (groß und schnell, folgt nicht der Richtung des Seegangs), die drei Schwestern (drei aufeinanderfolgende Wellen, in deren Tälern Schiffe nicht den nötigen Auftrieb entwickeln können und deshalb überrollt werden), die weiße Wand (sehr steile Welle mit tiefem Wellental).

Steuerbord und Backbord

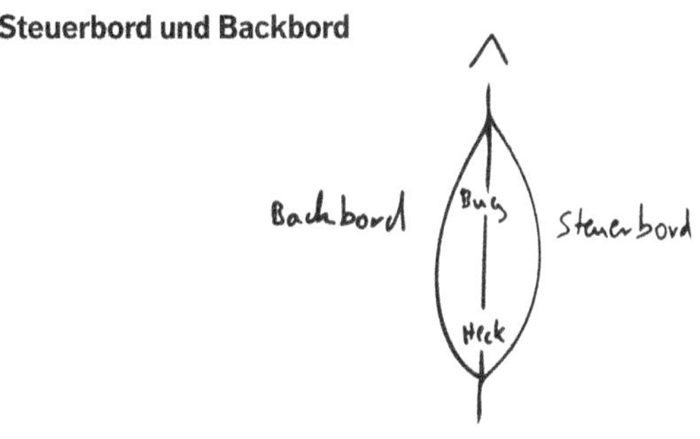

Williamson Turn

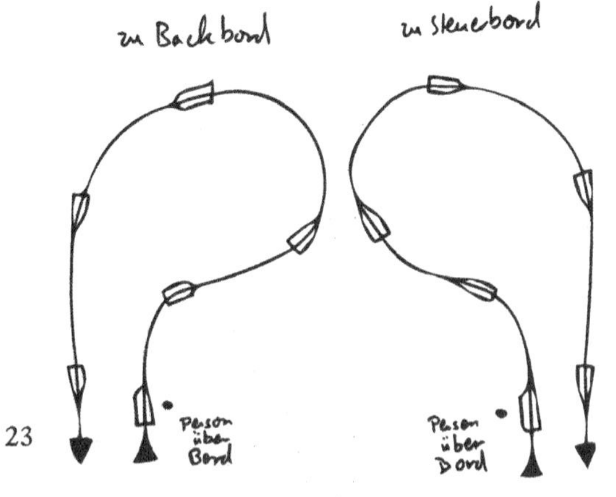

Brise, Prise: Windsatzsammlung

Schweben, von der Brise bis zum Sturm

etwas wird mir zugetragen
wovon wurde abgetragen

heute gab es ein Gewitter
als der erste Donner kam
war das Meer verlassen

Koordinaten und Zeiten hängen an unterschiedlichen Fäden

Schichten, schleifen, Schichten, schleppen

täglich weht es, windet, irgendwo
ab und zu gibt es Flaute
Windstille
ab und zu dann ein Sturm

wird von Wind geschrieben oder gesprochen, im meteorologischen Sinn, wird vom scheinbaren Wind, vom Fahrtwind, vom Luftzug im geschlossenen Raum, vom Sonnenwind usw. abgesehen

der Scirocco weht aus Afrika, er ist rötlich,
heiß und trocken
für Seeleute manierlich, aber schmutzig

schwappen, schwemmen, einverleiben

die Bora kann scura sein, oder chiara
eine Brise liegt zwischen 2 und 5 Bft,
Wind in Orkanstärke bei 12 Bft

hinter der Mole ist das Wasser flach

in welchem Winkel erwischt
der Wind das Segel

nicht alle Winde mit Orkanstärke nennen
wir Orkane, es gibt auch Tornados, tropische
Wirbelstürme, Downbusters usw.

die Bora peitscht die Wellenkämme auf zu Schaum, der
dann zerstäubt und in Dunstwolken fortgerissen wird

meistens geht es nur um Druck

Vorsicht: ungewöhnlich lange Dünung

ein Berührungspunkt von Meer und Wind ist,
abgesehen von einigen Arten des Wassersports,
der Wirbelsturm

die Böen waren den ganzen Nachmittag
über sehr schwach, die Wolken im
Südosten aber gräulich, teilweise sogar
schwarz

die Bora dauert einen Tag bis eine Woche,
verschwindet dann zum Mittagessen

der Scirocco dauert fünf bis sieben Tage,
er baut sich langsam auf und erreicht nach
zwei Tagen seine maximale Kraft, meist
ca. 6 Bft

in der Oase Siwa gibt es einen Stein, der dem Scirocco
heilig ist, wird dieser Stein berührt, beginnt ein heißer
Sandsturm

Gil war ein Wirbelsturm, Henriette auch

den Windmesser in Richtung des Windes strecken
und Sekunden zählen, um zu verstehen, was Wind,
was Böe ist

Bora, Borino oder Borasco, je nachdem,
wie arg

die Sonne ist nicht zu vernachlässigen,
das Wasser in Seen, das Wasser im Meer,
die Berge, die Wüsten

es gibt Listen der mächtigsten und größten Stürme,
der tödlichsten, der, bei denen der Druckabfall am
stärksten war

Boreas verliebte sich in die athenische
Prinzessin Orthia, er entführte sie und
machte sie zu seiner Frau

je wärmer das Wasser, desto stärker der Sturm

die Risikobewertung jedes einzelnen Schrittes und der
Handlungsablauf in einer potenziellen Notsituation

Wirbelsturm ist nicht gleich Wirbelsturm,
wir unterscheiden sie nach Entstehungsort
und Stärke, gleich bleibt jedoch die Dreh-
achse, immer vertikal

der Wind war zu stark für diesen Kurs
die Schwierigkeit lag darin,
Ruhe zu bewahren
keine Unsicherheit zu verströmen
die Situation zu erklären, anzuleiten
Mensch und Material zu schützen

das stete Bemühen der Atmosphäre um Ausgleich

als Gil und Henriette sich angenähert hatten,
waren die fantastischen Szenarien ihrer Begegnung
groß: ein Megasturm und Schlimmeres was
geschah: ein paar anmutige Drehungen bis hin zu
einem unspektakulären Verschmelzen, Gil
verschlang die Überbleibsel von Henriette und
kam dann selbst bald zum Erliegen

wenn ich nachts die Fahnen schlagen höre, das Meer
an die Mole klatschen, denke ich an stabile Häuser,
Wohnräume, die Schutz bieten, daran, wie weit sie
von meinem Standpunkt entfernt sind und wie die
Beschaffenheit der Wege dorthin

Floß

*Einen wirksamen Weg aus
der Versauerung der Ozeane /
Was folgt auf das Spiel / Ein
verbal oder körpersprachlich
ausgedrücktes »Hallo«
scheint immer angebracht
zu sein / Was mich umgibt /
Auch Feinde retten sich auf
hoher See / Erinnerung an
Salz und nur Vergnügen /
Was kann man alles rauben /
Wie dieses Hobby einverleibt /
Wenn du mit einem Finger
länger auf einem Live-Foto
bleibst, hörst du auch den
Ton / Wann ist eine schöne
geometrische Darstellung
fehl am Platz / Navigations-
geschichtlich hat sich einiges
getan / (Leid kann nicht
gelistet wer-
den) / Wenn alles so einfach
wäre wie Wind und Welle
aus entgegengesetzter
Richtung / Wie reich ist
der Tiefseeboden / Vielleicht
reden wir demnächst wieder
miteinander / Was steckt in
diesem Karavan / Wenn wir
irgendwie interagieren, ist es
vorbei / Zwischendrin ein
bisschen Spaß / Wenn hier
mein Zuhause ist, was ist
dann dort / (Auch Angst lässt
sich schlecht auflisten) / Ein
Dialog Fisch mit Fischer /
Einweisungen in den
Großsegel-Trimm / Der Kauf
eines Freerideboards mit 110
bis 130 l / Die Wundheilung
beschleunigen /*

ZWEI

farbverlauf

immer wieder neu sortieren, sommer - herbst, übergänge nennen, orientierungspunkte finden, osten - westen. von unten raus, wenn hier unten ist, schälen. von licht geblendet, winden. draußen, wenn dort draußen ist, am himmel, wolkenbänke zählen. was welle ist, was nebelschwade. ohne ton kaum unterschied. das rauschen soll den aufschluss geben? wie das knacken ein ohr weit weg vom spiegelglatten meer? es ist verirrung, und keiner kann das hören.

prognose einer guten wende

der leichte regen fällt, drückt löcher in den sand. wir
bleiben sitzen, schieben unsere köpfe tiefer in kapuzen
und reden über den fußwechsel im schnellen fahren.
regenfeuchter sand kann leicht angedrückt werden
zu einer ziemlich geraden ebene. über bug oder heck
drehen, mast to mast hat sich durchgesetzt. hier
jedenfalls kommt boom to boom schlecht. zeig mir, was
du meinst: zwei schritte vor und dann gleich umgekehrt.
he, dazwischen noch: wir hatten eine reifenpanne,
lachten unter planen. jetzt, ein panda kommt und
nimmt uns mit.

unter vorbehalt

dein schwimmen ist wie fliegen, ich bin so neidisch, dass das jucken jetzt zum brennen wird. alles machst du genau richtig und auch noch vor. es sieht leicht aus, losgelöst vom dich umgebenden, frei. nur die eingeschlagene richtung ist mir bis auf weiteres unklar.

brötchentütennavigation

zwischen entweder – oder mache ich. schaue um, was vor uns liegt. gleiche karten ab mit küstenformen, schatten. achtung: dunkel, blautürkis, drückt diese welle aus. im umkreis aber alles klar verzeichnet, den zirkel gespreizt und rumgedreht. du fürchtest hindernisse, geländeeigenheiten, sprichst von positionsbestimmungen. warte, denn heute sind wir landmarke. ich ziehe, manövriere, schlussendlich geht es gut, wir legen an. du steigst von board, holst gebäck im ort am morgen. bringst es in tüten, darauf: hafen xy gelegen, ungelegen. keine weiteren mitteilungen.

es gibt noch

im vorderkopf die schwellung, ihr die stirn bieten, sich
dem pochen stellen. schiffsbruch der meeresmetaphern.
was nützt uns der wind, die salzige luft, das meer,
der strand? auf rauer see sagten wir. was? jetzt ist
glatter sommer, ein anderer als sonst. mit flipflops,
sonnencreme, schildmütze, luftmatratze im hinterkopf.

windspion

ich helfe bei den vorbereitungen, obwohl die bedingungen nicht stimmen. dieses boot ist nicht gebaut für wellengang. was soll schon sein. hören werden wir uns kaum und in den wellentälern auch nicht sehen. die rümpfe werden schlagen. optimale voraussetzungen für erschwerte kontrolle der ruderblätter, für eine lehrreiche ausfahrt, für spannung. ich halte dennoch mit, mich an die schritte. übung macht die kapitänin.

auf los

die unsicherheit ist riesig, aber zweitrangig. du übst das andocken, ich das abspringen. risiko: im sprung hängen bleiben, mitten in der luft, von bord und nicht im wasser, weil die realität so grob, gröber als hals über kopf. die kleinen boote docken am mutterboot an, der ablauf ist straff. die nase der kleinen boote rückt vor in die dockstation. spring! bis sie sich verkeilt. angedockt, gleich wieder abgenabelt und wieder von vorn. das anfahren des großschiffs im kleinschiff, ein heikles und vorrangiges.

eintauchen

pakt schließen: niemals vor dem abend schlafen gehen. niemals vor einbruch des abends zu bett gehen. nie bevor der abend nicht für alle eingetroffen ist. dieser pakt gilt nur für gleiche zeitzonen, das ist klar. wenn der abend dann für eine da ist, gibt sie den anderen bescheid und geht dann ab, in die nacht oder den verlängerten abend oder sonst wohin. wichtig ist nur, dass der übergang belegt wird. das eintreffen des abends. so, er ist jetzt da, und wir hören uns dann, wenn er wieder weg ist, am nächsten tag, meistens. ausnahmeregelungen im pakt gibt es keine, nur duldungen, d. h., bestimmte situationen werden akzeptiert, hingenommen, z. B.: der unbemerkte einbruch des abends, der abend, der nicht kam, der abend, der verschlafen wurde.

ablenkung

das aushebeln der holzstäbe an den ausstellfenstern ist möglich, und noch viel gewaltigeres. der wind kann die gesamte außenfläche des wagens angreifen, an seine unterseite fahren, ihn umstürzen, sodass auch das innenleben aus der balance gerät und zur seite kippt. passiert ist das schon mal. mit 8 windstärken fing es an, bei 10 lagen die wagen quer. da half kein geschlossenes dachfenster, kein reißverschluss, kein kopfhörer.

sprechfunk

tango, charlie, juliett, mike, papa, oscar, victor, oder
halten sie sich von mir frei, ja, ich habe feuer im schiff
und gefährliche ladung an bord, meine maschine ist
gestoppt, meine netze sind am hindernis festgekommen,
mann über bord, und ich brauche hilfe. dings steht für
ein problem, das zu kompliziert ist, um es zu erklären,
eine situation zu dramatisch, um sie zu benennen, eine
sache, die sofortiges handeln erfordert. weit weg von
der schriftsprache höre ich: wünsche eine gute fahrt.
ahoi jedenfalls, reise, reise!

wissen wie

dem wind ist das wasser vis à vis. bewegungen in fließrichtung sind grundsätzlich einfacher. augen nach hinten, daher der fluss. gezogen vom sog, ein strang da am strand. immer zurück an die küste gespült, getrieben. der fließrichtung entgegen hingegen, nur mit kraft und anderem material. mit dem wasser surfen: wind ist ein plus. dem wasser an hals und an kragen: wind ist eine notwendige kraft zur überwindung von revier- und wetterabhängigem chop und strömungen in strandnähe, ein muss.

wissen wie genau

spotwahl, davor wetterbericht: windrichtung, windstärke, favorisierte konditionen. die geister der berge. packen, anreisen, vor ort wind messen, vom windmesser die beaufort ablesen, auch die böen abwarten. es haucht aus den tälern. aufriggen, ein etwas kleineres segel wählen, als der angezeigte wind wollen würde, immer die böen im blick. gespinster am himmel, gewunden. wenn der wind beim aufriggen nachlässt, schothorn und vorliekstrecker lockern, segel bauchig spannen, bei auffrischendem wind schothorn und vorliekstrecker nachtrimmen. gespenster am wolkenrand. segel mit mast zum wind ans ufer tragen. brettwahl: breit und kurz, fußschlaufen nachjustieren. ein flüstern, ein rauschen, ein kreischen. mastfuß aufs brett, segel auf den mastfuß. brett, was haben göttinnen, segel, götter damit, wind, gottheiten zu tun, losfahren?

umgang

der ist im wesentlichen unentspannt mit jeglicher art von fisch. der ist von frühmorgens bis spätabends total kontrahiert. schleicht, schwimmt, schaut rundum. vorsicht, in alle richtungen, check, vor allem unten: petermännchen in seichten gewässern. so seicht es auch die haie mögen. das schwimmen gestaltet sich nicht flüssig genug für eine beschreibung der technik. aber fließen rundherum, besser in den pool mit ihm, ab, bevor die fischer kommen.

fälle

im optimalfall vor dem kentern die beteiligtenliste checken. das ist unrealistisch. wenn kentern, dann kentern. das kentern üben ergibt nur sinn, wenn man zu zweit ist oder mehr. mindestens zwei. oder eine person, aber eine schwere. 90 kg, um einen hobie cat selbst aufzustellen. üben kann man es an land, den katamaran auf eine schiene heben und zur seite kippen. sich dann den untergrund als wasser denken. die meisten sind viel zu leicht, um das jemals allein zu schaffen. trotzdem dabeibleiben, sich die erklärungen anhören. es im ernstfall immer darauf ankommen lassen. immer lieber allein fahren, trotz des risikos dann nicht mehr hochzukommen.

stille wasser

mit der flaute ist das schweigen gleichzusetzen. abwesenheit einer melodie oder sogar ein großer krach. was sonst das tosen übertönt, ist jetzt hörbar. im schweigen liegt ein einvernehmen, im schweigen liegt ein eigner lärm. der kontrast ist groß, das wasser flach. aus dem dunst schiebt sich die sonne, vor der küste kräuselts schon.

0 Bft/Windstille, Flaute

Wasserspiegel 2

boom to boom oder mast to mast Das Segel kann während der Wende beim Windsurfen nur über den Gabelbaum (also boom to boom) oder zusätzlich auch über den Mast (mast to mast) gegriffen werden. Das Manöver bleibt gleich, nur die Position der Hände der windsurfenden Person verändert sich.

charlie, juliett, mike, oscar, papa, tango, victor usw. Begriffe aus dem internationalen Signalflaggenalphabet haben weltweit bestimmte Bedeutungen im visuellen Sprechfunk auf See. Z. B. »Juliette« – »Halten Sie sich gut frei von mir. Ich habe Feuer im Schiff und gefährliche Ladung an Bord.«

Chop Eine kleine Kabbelwelle, meist durch Wind hervorgerufen. Die Wasseroberfläche wird durch die kleinen Windwellen sehr unruhig, holprig.

gewöhnliches Petermännchen Eine Fischart aus der Familie der Petermännchen mit giftigem Stachel an der Rückenflosse. Das Petermännchen kommt im Küstenbereich des östlichen Atlantiks, der Nordsee und des gesamten Mittelmeeres vor und lebt auf Sandböden. Es buddelt sich zum Laichen in den Meeresboden ein. Bei Berührung sticht es zu. Die Symptome an der Einstichstelle sind: Schmerzen, Schwellung, Rötung, Blasenbildung, Taubheit.

Mastfuß, Schothorn, Vorliekstrecker

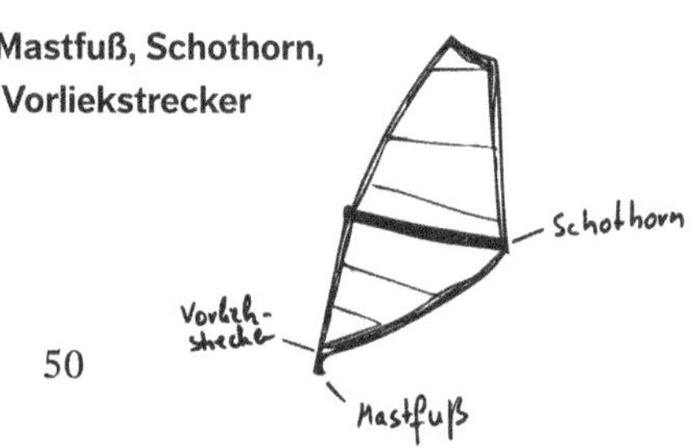

Mutterschiff/ Mutterboot Ein Schiff, das andere Schiffe begleitet und beispielsweise als Stützpunkt, mobile Basis, Versorgungs- oder Reparaturstationen für andere Schiffe genutzt wird, insbesondere in abgelegenen oder schwer zugänglichen Gebieten.

Reise, reise Ein Seemännischer Weckruf

Riggen Aufriggen und Abriggen sind dem Riggen untergeordnete Begriffe. Das Rigg ist die Gesamtheit dessen, was zum fertig aufgebauten Windsurfsegel gehört. Riggen bedeutet, das Segel und alles, was es hält (Mast, Gabelbaum ...) zusammenzubauen, also das Rigg in einen Zustand zu bringen, dass losgesurft werden kann. Auf- und Abriggen bezieht sich demnach auf das Auf- bzw. Abbauen des gesamten Riggs.

Segeltrimm Anpassung des Segelprofils an Wind, Kurs und Seegang. Bei leichtem Wind soll das Segel bauchiger stehen, bei starkem Wind soll das Segel flach getrimmt werden.

Windspion Bändsel (dünnes Tau, Leine), die an beiden Segelseiten festgemacht sind, um zu zeigen, wie das Segel vom Wind angeströmt wird.

Wellenkamm und Wellental Die Form einer Welle ist horizontal und vertikal asymmetrisch. Vom Ruhewasserspiegel ausgehend, ist der Wellenkamm der höchste Punkt der Welle. Das Wellental ist der Teil der Welle, der unterhalb des Ruhewasserspiegels liegt. Der Abstand zwischen dem Wellenkamm und dem Wellental wird als Wellenhöhe bezeichnet.

MEER DATEN MEER

ein stocken an
    docken

verschiedenen stellen

stock, häufung, lagerung, stapelung

vom un un un bestimmt genau gerecht …

zum ohne un s

markierung, stopp, wegweiser, kreuzung, stelle

un sich er
vor sich t

was kann ich sehen
durchsicht

anhäufen, auftürmen, überlagern, zusammentragen,
schichten, sichten der

stöcke
dockstationen

durch wiederholung schrei t sich ein

eben nicht

schrei bt, tippt leert

immer wieder wieder
dem entgegen

ohne langes i

zum zucken zum fließen zum rennen

aus dem körper
dem gedicht

an

den überblick
was drunterliegt

zahlen sammeln und aufschreiben
namen sammeln und aufschreiben
daten sammeln und aufschreiben
zettel sortieren
löcher machen
löcher schließen
alles in ringmappen einfügen
einen tab nach dem anderen öffnen
irgendwo steht geschrieben
unverschwommen
abrufbar

nicht vergessen

– alles meerwasser abfüllen
– gefäße verschließen
– beschriften und lagern
– boden sichten
– was bleibt zurück

irrtum

eine mischung mit wasser ergibt
was dann weiße krusten bildet
in feuchtigkeit wieder aufweicht
klebt und sich schwer abschrubben lässt
ich nehme die salzkruste
statt zweiter haut

Floß

*Was riecht hier so / Der
Scirocco wird Wellen für
mindestens 2 Tage bringen /
Der Fluchtplan steht noch
nicht / Viele Arme greifen
mehr / Der Wetterbericht für
heute war gut / Kleine Haie
wachsen im seichten Wasser /
Lieber zuerst anläuten, dann
klopfen / Es wird noch
heißer / Kommen wir alle da
raus / Entweder rutschfeste
Sohlen oder Salzstreuer /
Kann ein Piratenspielplatz
nur in Meeresnähe stehen /
Vertrauen / Bei Hitze
mindestens 3 Liter stilles
Wasser trinken / Im Zeichen
der Satzzeichen / An der
Küste zieht's / Den Teig und
die Fassung wahren / Gemäß
der Tüte / Welche Muscheln /
Feuchtigkeit ist gut gegen
Trockenheit / An dieser
Stelle etwas ganz anderes
behaupten / Wie das Gebirge
aus dem Meer gestiegen kam /
Eine ausufernde Liste in
diesem Kontext / Das Meer
als Mengenangabe / Wollen
wir schwimmen / Du, Angst
und ich / Die entzündungs-
hemmende Wirkung ist
alles / Versuche Welle als
Verb zu denken / Wer sagt
Urort, wer sagt Rausch /
Peitschenhiebe Fußschellen
Brandmale / Xerxes: Wut
und Empörung / Ist etwas
dynamisch an Aplomb /
Wir oder meine freak waves
und ich / Trotz größter
Suchaktion im Nordatlantik
fehlt von der München jede
Spur / Die weiße Wand, die
drei Schwestern und der
Kanventsmann /*

DREI

unterschiede im kanalsystem

an diesem ort fällt die anordnung verschieden großer tunnelröhren auf. sie sind da, tagsüber für hunde und kinder, abends dann für vögel. in den röhren tummelt sich, in den röhren sammelt sich, direkt vom himmel über rinnen und gefäße ab zu diesem meer, flüssiges und dergleichen. von den röhrenrücken aus ist das weite wasser sichtbar, die fischerboote. in diesem moment werfen sie ihre netze aus. ich spiele unbeeindruckt, hinter meinen augen zappeln dünne häute. zu hause ist kein wasser salzig, über den wiesen fließen klare bäche. zum zischen der fallenden netze steige ich vom rücken ins innere der röhre. ummantelt von fasrigem holz warte ich auf den abflug der vögel.

stilfragen

für ein gänzliches verständnis der bewegung – fortbewegen, kommen, gehen, treiben, schweben – ist beim schwimmen die zusatzangabe des den körper umgebenden elements notwendig. dieses gibt außerdem aufschluss über eine der beschreibung der bewegung eventuell zugrunde liegende emotion. im schwimmen nimmt der körper im regelfall keine bis kaum flüssigkeit auf, unabhängig davon, wie trocken er ist. ich kraule in arbeit, du schmetterlingst in geld.

bindige böden

wo genau kannst du einzug halten? ab und zu wird es mir zu heiß. die sohlen brennen, ich renne nicht, ich bleibe stehen. du sagst: ich tauche einmal kurz auf, hier, zwischen schluff und lehm. zehen im sand, ohne komplikationen. ein treffpunkt nah am geschehen. einer, der je nach wasserstand verschwindet, kein sicherer ort für ein gespräch mit unbekanntem ausgang. vor dem sprechen immer boden checken. wir einigen: nur auf kies und stein den dialog beginnen. gerade schweigen wir.

tränenflüssigkeit

wir wählten die stehhöhe aus mit bedacht. standen in gleicher entfernung zum meeresmund, aus dem die wellen krochen, an den zehen leckten. du warst früh ausgeschieden, das wasser kam dir gleich am nächsten. ganz nah, sodass es dich anspülte. ich blieb viel länger trocken. in schichten wurd ich abgeholt, abgetragen, bis ich rannte.

fische füttern

erst mal sehnsuchtsort adressieren. die schattenseiten im dunkeln lassen. fischfutter in flockenform. dann eine taschenlampe greifen. formstabile chips. wir haben darüber geredet und werden es weiterhin tun. futtersticks. möglichst überall hinschauen, möglichst nichts vergessen. schwimmendes grundfutter. einfacher sagen: ich kann dem nicht gerecht werden. etwas ungerecht bleiben, etwas sehr leise, unscharf. alleinfutter. ich nehme es hin und dennoch die sätze wieder auf.

abtauchen

gemeinsam auf einem boot, einem einmaster, einem segelboot. knapp vor der küste, mit skipper und ein paar weiteren. der tag: heiß, nur schwach windig. deine rufe: von bug nach heck, abhängig vom standpunkt. und ich antworte meistens »ich weiß«. seltsam. im rauschen gehen stimmen unter. verschluckt vom wehen und vom schippern. im windloch, zwischen wellenkamm und -tal, ein hicksen, gibt kaum aufschluss, und in körpersprache sprichst du nicht. warum noch antworten? in den zwischenräumen: lauter lauter räuspern.

materialschonend

du schläfst nicht mehr und bist schon längst dort,
klarerweise. gut, dass ich frage. circa wie staubnadeln
auf hautflächen, rauschen. aufprall und rückzug.
neuer versuch: den einstieg beschleunigen, der sich
zurückziehenden welle nach, dabei nicht stolpern.
zwischen dem peitschen auf neoprenfreie flächen, ein
paar schritte weiter. hände nah am körper, auftrieb
verringern, bis mindestens ein drittel das wasser
erreicht. dann bist du sicher, aber nur du allein.

hemmung

mit etwas in kontakt getreten, womit man nicht gerechnet hat. eins führt zum anderen, rutschen, gleichgewicht verlieren, fallen. mit etwas in kontakt getreten, mit dem man zwar gerechnet hat, dem man sich aber nicht entziehen kann. einmal in kontakt getreten, ist die notwendige folge rutschen, aus dem gleichgewicht geraten, fallen. das fallen kann in beiden situationen, sei es beim kontakt mit etwas, womit man nicht gerechnet hat, sei es beim kontakt mit etwas, womit man zwar gerechnet hat, dem man sich aber nicht entziehen kann, durch verschiedene zufälle oder gezielte handlungen verhindert werden. die notwendige folge von ausrutschen ist fallen, außer man wird gehalten oder aufgefangen. wobei in beiden fällen, also im gehalten- oder aufgefangenwerden, das fallen nur vermindert und abgemildert ist, nicht komplett wegfällt.

woran halten? oder protest

reling, handläufe, geländer, mauern, türrahmen, hände, stuhllehnen, zeitpläne, vorgaben. alles wankt, und die socken mit noppen sind ausverkauft. ich zeige mich nicht, weil mich das nichts angeht, denke ich. ich zeige mich nicht, weil ich nicht mehr weiß, wie es geht. weil ichs dort nicht hinschaffe, wo gezeigt wird. weil ich dafür zumindest ganz kurz loslassen müsste.

funkloch

es zieht vorbei, es zieht heran: mit keiner wimper zucken, ohne umwege in die witterung, sprechen und rennen. ein graugestüm, vielleicht tosen, vielleicht schaum, vielleicht wirbel. diesmal sofort, diesmal sicher nicht ducken. hätten wir eine sekunde länger, wären du und ich zum abwettern umgedreht. wer hört uns noch? windig ist es, ja.

strittiges thema

in auseinandersetzungen liegt kein mensch am boden. in auseinandersetzungen wird weder liegen geblieben noch herumgelogen. in auseinandersetzungen sind wir noch zusammen. die elemente wasser und luft spielen keine rolle mehr. auch schwimmend setzen wir. lass sie uns streichen, komm, streiten wir.

unterhaltung über schweißtemperatur

solange das ende nicht gut ist und da, vor allem zuerst da und dann gut, sollte der schweiß am kältestmöglichen sein. wenn das ende dann da ist und nicht gut, wird der schweiß über seine ursprüngliche temperatur hinaus noch ein bisschen kälter. das geht, weil es im leben so ist. überleben oder nicht, geschichten werden trotzdem erzählt.

zivilisationsgeräusche

es war nie still, aber anders laut. wind, wellen, sturm, regen, brechendes eis, klickgeräusche, gesang und glucksen. jetzt nur das brodelnde leider. dort, wo sich wal und dorsch nicht mehr gute nacht sagen.

dieb down

du hast dir wunden zugezogen. bis aufs fleisch der
fische wegen. bist hinabgestiegen, hast geschürft,
gehöhlt, geheult dabei. vom tropfen zum rinnsal
usw. fisch fisch fisch abgestaubt, jetzt übergeben.
übel, schnappst du, ringst nach luft. es klebt dir:
korallenkrötenfisch und taucherbrille. wozu das gut?

hier nimm

davon gibt es genug: platz, oben die dächer aus blech, unten die matten. löchrig, aus plastik, zur isolation. den regen sickern lassen und das dazwischen wohnraum nennen. komm herein und sieh dich um. leg diese dinge ab. fühl dich wie in deinen eigenen wänden. zwischen den mauern. wand aus haut, wand aus stoff. danke, ich schließe den spalt, sperre jetzt zu. fenster und türen. die luken, reißverschlüsse, schönen abend auch.

die regenpfeiferartigen

sichtschutz an den scheiben ermöglicht ungehindertes beobachten der außenwelt an regentagen. in diesem beobachten bleibt alles genau da, wo es hingehört, ohne interaktionen. das geräusch des aufprallenden wassers auf dem flachdach tarnt den menschlichen atem hinter der scheibe. an tagen ohne regen gibt es nur die möwen auf dem dach. ihr trippeln ein unregelmäßiges klopfen, ähnlich dem regen bei böigem wind.

nach dem auf- und vor dem abriggen

morgens denke ich an kippstabilität und klebe mir ein tape dicht auf wundheilungsgewebe. ich streife mit verschmierten fingern über holzbretter zum bug. fast aus dem gleichgewicht, hin und wieder zurückgewichen. rudern oder kippen? wollte dir nur sagen, dass ich versuchte, was an der mole aus dem wasser zu ziehen. ich brachte rändern fließend zweifel, orange streifen sommerlicht. du weißt, zwischen hier und dem offenen schienbein liegt nur ein tag.

gissen

ich schaue dem sommer hinterher: überarbeitungen. von diesem punkt aus, hinter, unter mir, als voraussetzung türmt sich. aufgelassenes, dagelassenes, zurückgelassenes, dazu neu eingelassener boden. rahmen, sehr viele bedingungen. ein bisschen drift und einiges, noch einiges. jetzt fast schon in der nähe des herbstes: vergessene schlüssel, fallen gelassen, verloren. der blick in die seekarten, die blicke zurück.

Wasserspiegel 3

Abwettern Eine Verhaltensweise, um einen Sturm oder starken Seegang unbeschädigt zu überstehen. Gefahren für Ladung und Besatzung eines Wasserfahrzeugs werden dabei möglichst vermieden. Je nach Situation werden unterschiedliche taktische und strategische Maßnahmen ergriffen.

Bindige Böden Böden, die vor allem aus Lehm, Schluff, Ton oder Kalkstein bestehen, sind bindige Böden. Sie können viel Wasser aufnehmen, tendieren daher dazu, schlammig zu werden, und das mindert ihre Tragfähigkeit. Nicht bindige Böden wie z. B. Kies, sind wasser- und luftdurchlässig und somit in dicht gelagertem Zustand sehr tragfähig.

Drift Eine durch den Wind erzeugte Strömung an der Meeresoberfläche, aber auch unkontrolliertes Treiben eines Schiffs auf dem Wasser oder durch Strömung fortbewegtes Treibgut.

Fische füttern Seemannssprache: Erbrechen aufgrund von Seekrankheit.

gissen Ein veralteter nautischer Ausdruck dafür, die Position eines Schiffes oder Flugzeuges ungefähr zu bestimmen.

Korallenkrötenfisch Ein vom Aussterben bedrohter Fisch, der auf der Insel Cozumel in Mexiko beheimatet ist. Er lebt in Korallenriffen als Lauerjäger und bevorzugt sandige Untergründe. Seine Augen sitzen an der Oberseite des großen Kopfes.

Regenpfeiferartige Die Regenpfeiferartigen sind eine Ordnung der Vögel. Zu ihnen gehören beispielsweise Raubmöwen, Reiherläufer, Austernfischer und Krokodilwächter.

ver s schwimmen netzen söhnen

sich dem wasser kreisend nähern
runde, runde darauf zu
tentakel, flossen, flügel, arme
über sand, stein, steg oder boot
mit einem sprung, einem schritt
ausladend, die körper
straucheln bei berührung
üben des ungelenken fallenlassens
bereite mich vor, nass wird es sein

den hals, der meine stimme trägt
kann ich beim schwimmen nicht sehen
mund geschlossen halten
wenn luft in lungen knapp wird
dann auftauchen

himmel und fluss
am horizont genähert
sind es dort vögel, die nah an die oberfläche
oder etwas taucht auf
verschwimmt in der luft
die tropfen, zu wolken, die schwaden, der nebel
in wesenszügen, ungeheuerlich

weil es ablenkt von hier
und ein ganz kleines bisschen
auch möglich sein kann

irgendwo einsteigen
reinspringen, abtauchen
in die folge von tropfen,
träne zu rinnsal zu fluss zu meer
oder: die aggregatszustände benennen
in welcher reihenfolge,
welcher zeitlichkeit, woher
muss hier doch fragen
muss hier gleich warten
muss hier jetzt was
wie sieht das ende denn aus
sehen, trotz aller möglichkeiten
des empfindens
wo sind die anderen
körper und deren augen

von mir ausgehend
schwimmend, eigentlich
ein, in deinen bereich
mit blick keine chance in tiefseegewässern
ich taste nur raum, der zerfließt

zwischen fingern
das annähern kommt von mir, von uns
bin immer gern gemeinsam
wenns um entschuldigungen geht

stimmen vieler sprachen
erinnern sich an töne
fragen, fragen, fragen
schleppen sich aus jahren
kommen über seen
fließen durch gewässer
rinnen aus den rohren
ein in diesen mund
mund an einem deck
tuckert vor sich hin

in regelmäßigen schlägen des pulses, der arme
gewässer durchqueren
aneignen und abschauen
kraultechnik und atmung
daneben die suche
nahrung, leben, luftmatratze, sehnsuchtsorte
raum in dem von anfang bis zum ende
jetzt zugeben, wie tief das hängen ist
lehne an, wende zu

das mit den gemeinsamkeiten
im wasser nicht stoplern
zusammenfließen lassen
verschwimmen, versöhnen

erwarte im fluss
wasser wasser
etwas daran festmachen
womit befestigen
in nasser verfassung
die autonomie des wasserkörpers
des wasserkörpers verschwimmende
grenzen
wo sind die trockenen tücher
die reißen und dann neu verhandeln
kann sich, was spröde ist,
noch mit flüssigkeit vollsaugen
wie ist die beschaffenheit dieses materials
scharfe kanten, abgenutzt
durchs fließen
ganz anders
in verbindung, in mischung

ob schweiß unter wasser auch nass ist

ich würde gerne verschmelzungen denken
erdachte verbindungen
auf grund, an oberflächen
körperteile, die durch bewegung verschwinden,
verschwimmen
in flüssigkeiten suchen
zusammenkünfte, die unerwartet sind
mit allen wahrnehmungsmöglichlichkeiten
der versuch, sich zurechtzufinden
ob dunkel, an manchen stellen undurchsichtig
dein speichel, meine träne
in wasser, gelöst
zum einatmen auftauchen
jetzt mit gestreckten beinen springen
mal höher, mal tiefer
der stand des gewässers
warum spielt die ähnlichkeit
verbindlichkeit durch effektive verbindung
du kühlst deine wunden
ich mach es dir nach

Floß

*Eine noch viel größere Wut /
Die Rettung des Kaffees
durch Salz / Abwarten /
Salz anstelle von Satz / Die
Küstenwache wusste nichts
oder was / Ein Motorboot in
Form einer portugiesischen
Galeere / Vor, während oder
nach dem Kochen / Soll das
hier so weitergehen / So viele
Treffer / Am Strand vom
Geschehen liegen Steine /
Körperliche Anstrengung und
große Hitze / Wir kennen
uns kaum / Das sind die
Begriffe / Wie sich alles unter
dem Einfluss der Schwer-
kraft einstellt / Akustische
Probleme noch dazu / Es sieht
nach nichts aus / Geglättete
Formen / Allein sein / Die
Bedingungen sind wild /
Bitterstoffe / So oder auch so /
Unsicherheiten, Zweifel /
Die Entscheidung für das
Hindernis / Ungestörtes
Spiegeln / Das hat nichts mit
dem Aspekt zu tun / Salz
anstatt Zucker / Meeres-
spiegel als Höhenbezug /
Maximal vier Personen bei
diesem Wetter / Preisgekrönte
Sicherheitstiefenlinien / Die
Erhebung ergab: Schnitt-
wunden und Prellungen /
Ungerechtfertigte Risiko-
einstufung / Die nassen
Nachmittage / Na und /
Erschöpfte Kapazitäten / An
die Crew denke ich kaum /
Über einen dem Thunfisch
verwandten Raubfisch / Der
Trost in der Brandung / Ein
nahtloser Übergang, jeden
Tag ein Stück zurück aufs
offene Meer / Die Vorteile des
Schweißes / Eine Ausfahrt,
ein Ausflug / Und nun*

Inhalt

EINS

ZWEI

DREI

Greta Maria Pichler, 1996 in Bozen (IT) geboren, studierte Philosophie an der Universität Wien und Sprachkunst an der Universität für angewandte Kunst Wien. Sie war Mitherausgeberin der *JENNY*. Texte von ihr wurde in Literaturzeitschriften, Anthologien und im Radio veröffentlicht. 2022 war sie Preisträgerin des 30. open mike vom Haus für Poesie Berlin.

Erste Auflage Berlin 2024

MSB Matthes & Seitz Berlin Verlagsgesellschaft mbH
Großbeerenstraße 57A | 10965 Berlin
info@rohstoff-literatur.de

Umschlag: Marion Wörle, Berlin
Satz: Tom Mrazauskas, Berlin
Druck: Art-Druk, Szczecin

ISBN 978-3-7518-7024-5

www.matthes-seitz-berlin.de
www.rohstoff-literatur.de

Rohstoff Verlag ist ein Verlagsprojekt
von Matthes & Seitz Berlin.

Franziska Dehkordy

Alabama 2

R10 | 149 Seiten | ISBN 978-3-7518-7009-2

Nichts ist Alabama, aber Alabama ist – ist Ort der Zuflucht, Sehnsucht, an dem alles besser ist, geliebte Menschen sich wiederfinden und, »auf den Colonnaden dort nachts, während kein anderer außer mir«, die Limonade fließt.

Franziska Dehkordy begibt sich auf Suche nach und Flucht vor diesem Phantom-Ort, Alabama, und formuliert dabei einen fortlaufenden Brief, gerichtet an das Du. Eine Ansprache, die sich am Rudimentären der Sprache abarbeitet. Texte in Form von Postkarten, die Erfahrung, Traum, Wunsch und Schmerz verhandeln und in nicht zwingender Reihenfolge zueinanderstehen. Sie ringen nach Atem zwischen Arbeitsalltag, Auskultation, Gartenstudien, Verlangen und teils albträumerischer Nacht. Und »vielleicht könnte das Ziel sein, einmal nicht wegzugehen«.

Rohstoff × Literatur

Daniel Arkadij Gerzenberg

WIEDERGUTMACHUNGSJUDE

R11 | 129 Seiten | ISBN 978-3-7518-7010-8

Protokoll eines Missbrauchs, Dokumentation eines Heilungsprozesses – aufgewachsen als Verkörperung der Migration unter sowjetischen Erziehungsmethoden, einer Kultur des Schweigens und elterlichem Erwartungsdruck, probiert sich das autofiktionale lyrische Ich an Rebellion – sei es durch Ladendiebstahl, sei es durch Sex mit einer Gojte. Vermittler zwischen familiären Ansprüchen und jugendlichem Zorn wird ihm dabei der Kinderarzt, der sich über Jahre zum immer wichtigeren Teil in Daniels Leben macht, bis zu jener Nacht, in der »alles an freundschaft und poesie das zwischen uns lebt« infrage gestellt wird. Daniel Arkadij Gerzenberg erzählt in Versen voll bestechender Offenheit davon, wie sich jemand Vertrauen zunutze macht, davon, wie es ist, wenn plötzlich nichts mehr unbelastet und frei von »seinem blick« ist, vor allem aber davon, wie Literatur zum Richterhammer werden kann, der ins Recht setzt, was die Wirklichkeit verwehrt.

Rohstoff × Literatur

Hannah Schraven

außerhalb der blessuren

R15 | 56 Seiten | ISBN 978-3-7518-7018-4

Unverhofft und ohne weiteres Vergehen beginnt es: Spuren zeigen sich am Himmel, die Welt gerät ins Wanken, schließlich aus den Fugen. Was soeben noch gefasst und fest war, wird mit einem Mal ausgefächert und dynamisch, »ein körper der kontur entledigt // enthaart zersetzt und doch gebannt«. Aber »näher an ufer kommen wir nicht«, denn wie ozeanische Wirbel lässt Hannah Schraven Verse an Körper branden, »als flamboyante klinge« real life-Schichten sowie virtuellen Schutt abtragen. Was daraus entsteht, sind nicht unumstößliche Gebilde, sondern fragile, flüchtige Gedichtgewebe, die sich nicht scheuen vor dem Takt der Gegenwart mit ihren Verhärtungen und Wunden. Entlang dieser Blessuren sucht Hannah Schraven nach dem Verflüssigten im Festen, dem Multiplen im Binären und offenbart dadurch ein Außerhalb: eine Welt in Verwandlung, in Widerstand und Vielfalt.

Rohstoff × Literatur

Aslı Özdemir

warte ich muss das teilen

R16 | 256 Seiten | ISBN 978-3-7518-7019-1

Ihrem stockend-depressiven Schwebezustand – bestehend aus aufgeschobener Abschlussarbeit, zäher Liebesbeziehung und mehreren Wochen Quarantäne – setzt Aslı Özdemir den radikalen Nikotinentzug und versförmige Tagebucheinträge entgegen. Doch je mehr sie das Entzugserleben poetisch-protokollierend erkundet, umso deutlicher tritt ein einengendes Konfliktfeld aus Politischem und Persönlichen zutage. Und so gerät das tippende Texten immer häufiger zur streitenden, zeternden, schimpfenden, letztlich wütend-befreienden Tastaturfuchtelei, nur um sich bald darauf wieder in schöpferischem Sanftmut zu erholen: »was nun? aushandeln stetig / ausgraben stetig / das feld ist offen / das feld wartet / das feld ist feucht / der regen frisch«.

Rohstoff × Literatur